AF288187

Impressum
Verlag: BABADADA GmbH, Nedderfeld 112 , 22529 Hamburg
Geschäftsführer / Verlagsleitung: Harald Hof
Druck: Books on Demand GmbH, In de Tarpen 42, 22848 Norderstedt

Imprint
Publisher: BABADADA GmbH, Nedderfeld 112 , 22529 Hamburg, Germany
Managing Director / Publishing direction: Harald Hof
Print: Books on Demand GmbH, In de Tarpen 42, 22848 Norderstedt, Germany

icyumba k'ishuri
классная комната

kugabanya
делить

186/2

ikibaho
доска

ikibuga cyo gukiniramo
школьный двор

umwarimu
учитель

urupapuro
бумага

kwandika
писать

ikaramu
ручка

ameza yo kwandikiraho
письменный стол

iregere
линейка

igitabo
книга

umunyeshuri bo mu mashuri abanza
ученик

agahago k'ishuri

ранец

agasanduku k'amakaramu
y'igiti

пенал

ikaramu y'igiti

карандаш

tayekereyo

точилка

igome

ластик

ikayi yo gushushanya

альбом для рисования

igishushanyo

рисунок

uburoso bwo gusigisha

кисточка

agasanduku k'amarangi y'amabara

коробка красок

umukasi

ножницы

kore

клей

ikayi y'imyitozo

тетрадь

umukoro w'imuhira

домашняя работа

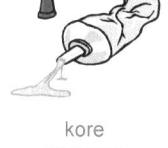

umubare

цифра

guteranya

прибавлять

gukuramo

вычитать

gukuba

умножать

kubara

считать

ibaruwa

буква

inyuguti uko zikurikirana

алфавит

ijambo

слово

ishuri - школа

umwandiko

текст

gusoma

читать

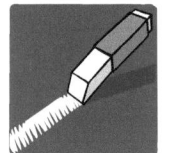

ingwa

мел

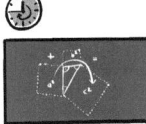

isomo

урок

igitabo cyo
kwiyandikishamo

классный журнал

ikizami

экзамен

impamyabumenyi

диплом

umwambaro w'ishuri

школьная форма

uburezi

образование

inkoranyamagambo

энциклопедия

kaminuza

университет

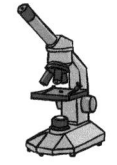

mikorosikope

микроскоп

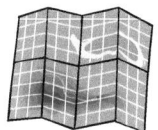

ikarita

карта

pubere

корзина для бумаг

urugendo
путешествие

hoteli
гостиница
Grand
inzu y'amacumbi
турбаза
EXCHANGE
ku muvunjayi
пункт обмена валюты
ivarisi
чемодан
imodoka
автомобиль

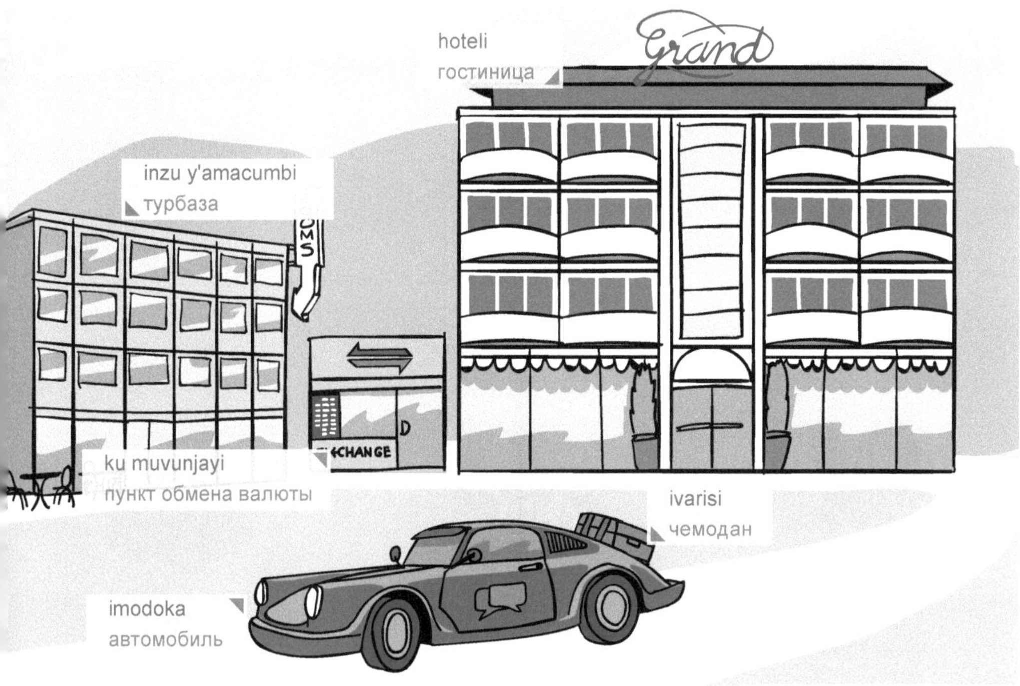

ururimi

язык

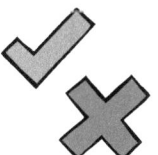

yego / oya

да / нет

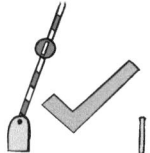

Yego

хорошо

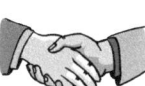

bite

Привет

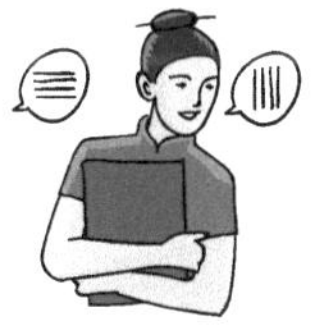

umusemuzi

переводчик

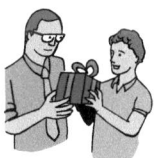

Murakoze

Спасибо

ni angahe...?

Сколько стоит...?

Sinsobanukiwe

Я не понимаю

ikibazo

проблема

wiriwe!

Добрый вечер!

Waramutse

Доброе утро!

Ijoro ryiza

Доброй ночи!

bayi

До свидания

ikerekezo

направление

imizigo

багаж

igikapo

сумка

igikapo baheka

рюкзак

umushyitsi

гость

icyumba

комната

agafuko baryamamo

спальный мешок

ihema

палатка

amakuru y'ahasurwa na ba
mukerarugendo

туристическая
информация

ku musenyi wo ku mazi

пляж

ikarita ya banki

кредитная карточка

ifunguro ryo gusamura

завтрак

ifunguro rya ku manywa

обед

ifunguro rya nimugoroba

ужин

itike

билет

asanseri

лифт

itembure

почтовая марка

umupaka

граница

gasutamo

таможня

ambasade

посольство

viza

виза

pasiporo

паспорт

gutwara abantu n'ibintu
транспорт

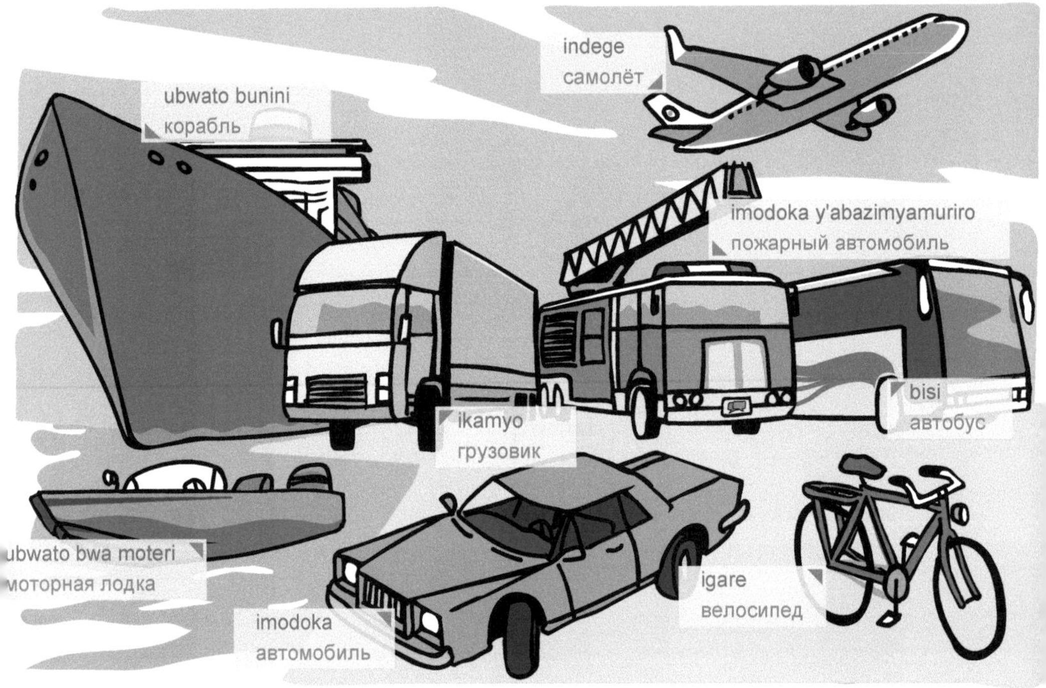

indege
самолёт
ubwato bunini
корабль
imodoka y'abazimyamuriro
пожарный автомобиль
bisi
автобус
ikamyo
грузовик
ubwato bwa moteri
моторная лодка
igare
велосипед
imodoka
автомобиль

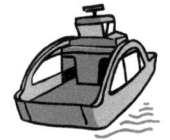

ubwato bwambutsa imizigo n'abantu

паром

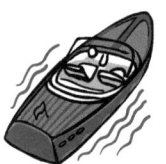

ubwato

лодка

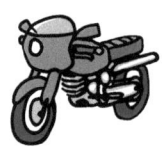

ipikipiki

мотоцикл

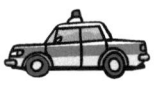

imodoka ya polisi

полицейский автомобиль

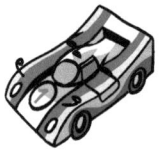

imodoka ya kuruse

гоночный автомобиль

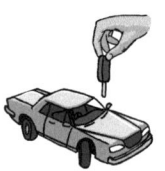

imodoka ikodeshwa

арендованный автомобиль

gusangira imodoka

совместное пользование
автомобилями

imodoka iterura izindi

буксировочный
автомобиль

imodoka iyora imyanda

мусоровоз

moteri

двигатель

lisansi

топливо

sitasiyo ya lisansi

заправка

icyapa kiyobora imodoka

дорожный знак

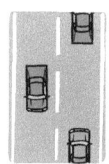

urujya n'uruza rw'imodoka

движение

ambuteyaje

пробка

parikingi y'imodoka

автостоянка

gare ya gariyamoshi

вокзал

inzira ya gariyamoshi

рельсы

gariyamoshi

поезд

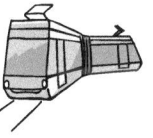

bisi ikoresha
amashanyarazi

трамвай

agatete k'imizigo gakururwa
n'imodoka

вагон

kajugujugu

вертолёт

ikibuga k'indege

аэропорт

umunara

вышка

umugenzi

пассажир

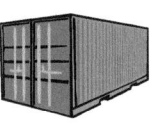

konteneri

контейнер

ikarito

коробка

akagorofani ko mu iduka

тележка

agaseke

корзина

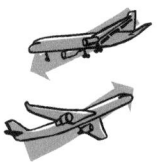

kuguruka / kururuka

взлетать / приземляться

umugi

город

umudugudu

деревня

mu mujyi rwagati

центр города

inzu

дом

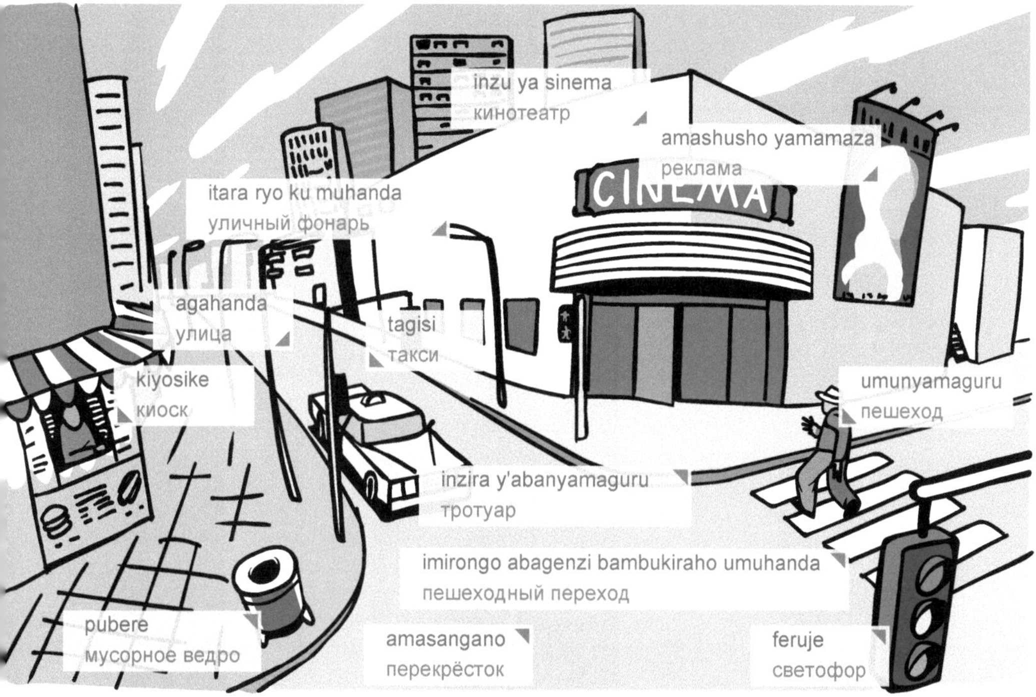

inzu ya sinema
кинотеатр

amashusho yamamaza
реклама

itara ryo ku muhanda
уличный фонарь

CINEMA

agahanda
улица

tagisi
такси

kiyosike
киоск

umunyamaguru
пешеход

inzira y'abanyamaguru
тротуар

imirongo abagenzi bambukiraho umuhanda
пешеходный переход

pubere
мусорное ведро

amasangano
перекрёсток

feruje
светофор

akaruri

хижина

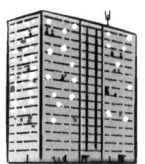

inzu ifatanye n'izindi

квартира

gare ya gariyamoshi

вокзал

ibiro bya meya

ратуша

inzu ndangamurage

музей

ishuri

школа

kaminuza

университет

banki

банк

ibitaro

больница

hoteli

гостиница

farumasi

аптека

ibiro

офис

inzu bagurishirizamo ibitabo

книжный магазин

iduka

магазин

umucuruzi w'indabo

цветочный магазин

amangazini manini

супермаркет

isoko

рынок

idepo

универмаг

umucuruzi w'amafi

торговец рыбой

iduka rinini

торговый центр

icyambu

порт

parike

парк

intebe y'urubaho

скамейка

iteme

мост

amadarajya

лестница

inzira yo munsi y'ubutaka

метро

umuhanda wo munsi y'ubutaka

тоннель

icyapa cya bisi

автобусная остановка

bare

бар

resitora

ресторан

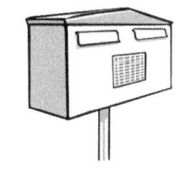

gasanduku k'amabaruwa

почтовый ящик

icyapa cyo ku muhanda

табличка с названием улицы

mubazi ya parikingi

паркометр

zoo

зоопарк

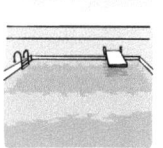

pisine

бассейн

umusigiti

мечеть

ifamu

ферма

kwangiza umwuka

загрязнение окружающей среды

irimbi

кладбище

ikiriziya

церковь

ikibuga k'imikino

детская площадка

urusengero

храм

umurambi

ландшафт

ikibabi
лист

icyapa kiyobora
дорожный указатель

inzira
дорога

umukenke
луг

ibuye
камень

umuntu utembera mu misozi
путешественник

igiti
дерево

umugezi
река

ibyatsi
трава

indabo
цветок

ikibaya

долина

agasozi

гора

ikiyaga

озеро

ishyamba

лес

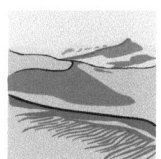

ubutayu

пустыня

ikirunga

вулкан

ingoro

замок

umukororombya

радуга

icyobo

гриб

ikigazi

пальма

umubu

комар

isazi

муха

intozi

муравей

uruyuki

пчела

igitagangurirwa

паук

ikivumvuri

жук

igikeri

лягушка

inkima

белка

imbuni

еж

urukwavu

заяц

igihunyira

сова

inyoni

птица

igishuhe

лебедь

isatura

кабан

ingeragere

олень

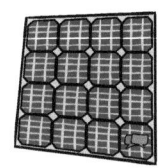

impongo

лось

urugomero

плотина

igipanga kikaraga kikazana umuyaga

ветряной генератор

urubaho rukurura imirasire

солнечная батарея

ikirere

климат

resitora

ресторан

umuseriveri
официант
ibiryo byateguwe
меню
intebe
стул
isupu
суп
piza
пицца
ibikoresho byo kumeza
столовые приборы
igitambaro cyo gutegura ku meza
скатерть

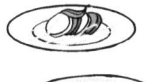

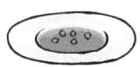

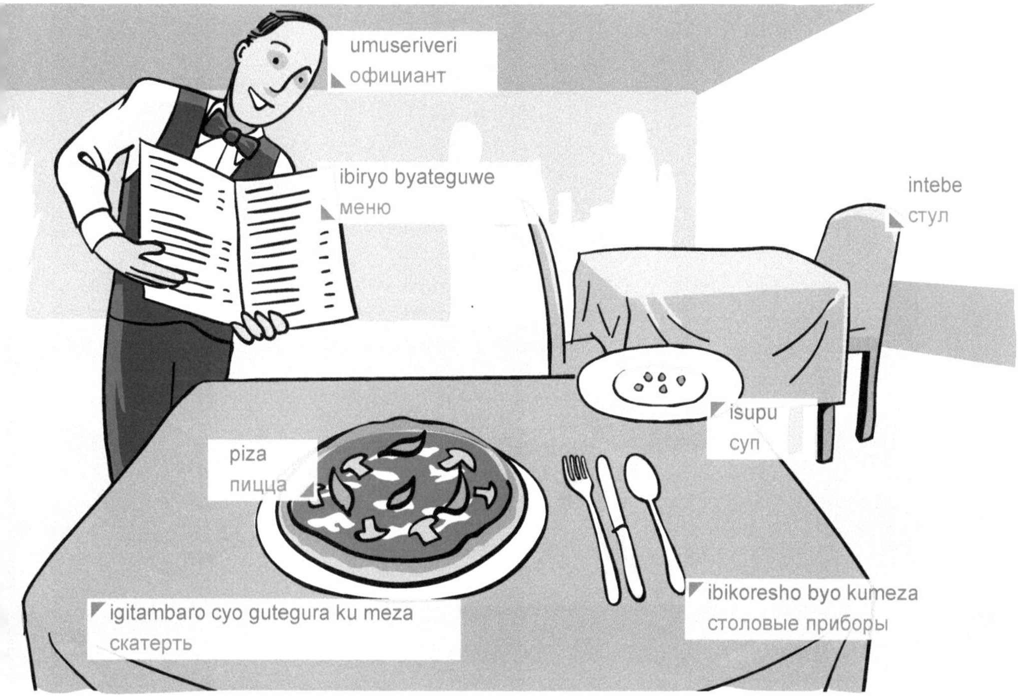

aperitifu

закуска

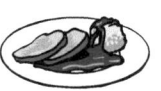

isahani nkuru

главное блюдо

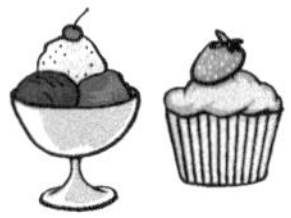

deseri

десерт

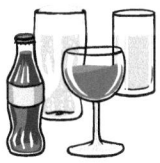

ibinyobwa

напитки

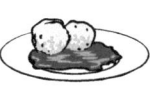

ibiribwa

еда

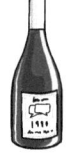

icupa

бутылка

ibiryo barya bagenda

фастфуд

ibiryo byo kumuhanda

уличная еда

ibirika y'icyayi

чайник

agakombe k'isukari

сахарница

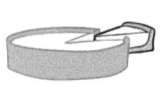

isahani y'ibiryo

порция

imashini y'ikawa ya esipereso

кофеварка

intebe ndende

детский стульчик

inyemezabuguzi

счет

ipurato

поднос

icyuma

нож

ikanya

вилка

ikiyiko

ложка

akayiko k'icyayi

чайная ложка

seriviyete

салфетка

ikirahure cyo kunywesha

стакан

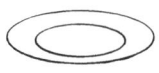

isahani

тарелка

isahani y'isupu

суповая тарелка

agasutasi

блюдце

isosi

соус

agacupa k'umunyu

солонка

agasekuru k'urusenda

мельница для перца

vinegere

уксус

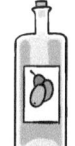

amavuta

масло

ibirunge

специи

kecapu

кетчуп

mutaride

горчица

mayonezi

майонез

amangazini manini
супермаркет

igiciro kidasanzwe
специальное предложение
FOR
umukiriya
покупатель
ibiva mu mata
молочные продукты
imbuto
фрукты
akagorofani ko mu iduka
тележка для покупок

BUTCHERS

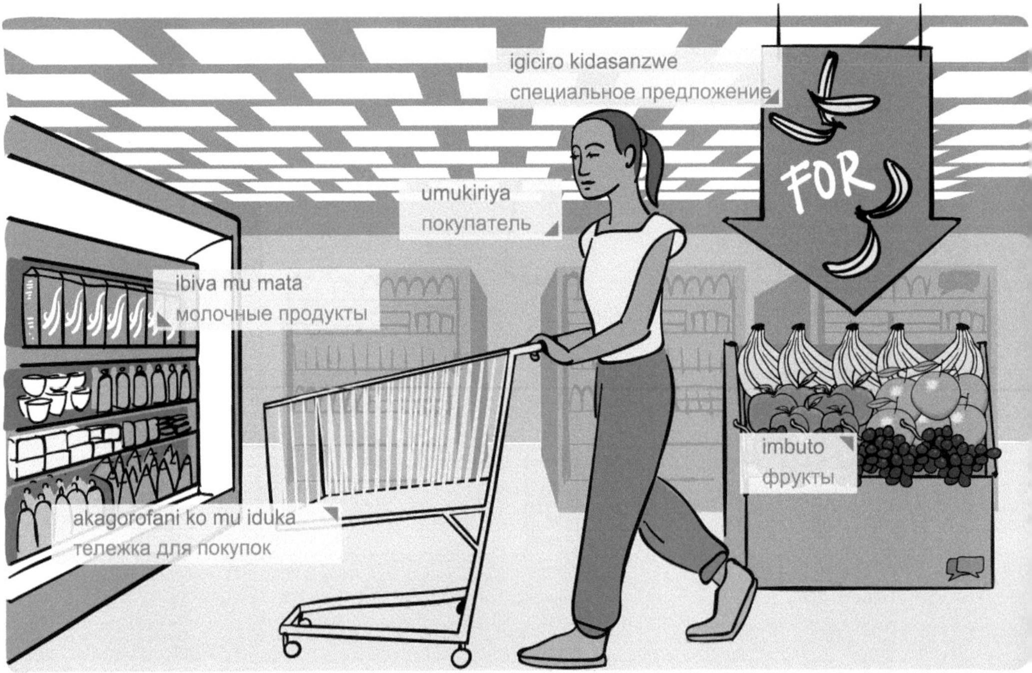

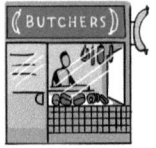

busheri

мясной магазин

BAKERY

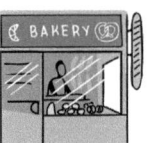

buranjeri

пекарня

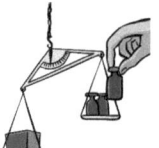

gupima ibiro

взвешивать

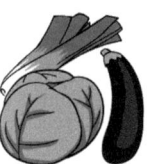

imboga

овощи

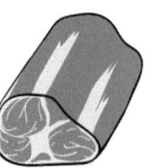

inyama

мясо

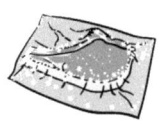

ibiryo bakonjesheje

быстрозамороженные продукты

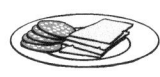

inyama zikonje

нарезка

ibiryo byo mu makopo

консервы

isabune y'ifu

стиральный порошок

bombo

сладости

ibikoresho byo mu rugo

предмет домашнего обихода

imiti isukura

моющее средство

umucuruzikazi

продавщица

kukesa

касса

umubitsi

кассир

urutonde rwo guhaha

список покупок

amasaha haba hafunguye

время работы

ipotomoni

бумажник

ikarita ya banki

кредитная карточка

umufuka

сумка

imifuko ya pulasitike

полиэтиленовый пакет

amazi

вода

umutobe

сок

amata

молоко

koka

кока-кола

divayi

вино

byeri

пиво

inzoga

алкоголь

shokora ishyushye

какао

icyayi

чай

ikawa

кофе

ikawa ya esipereso

эспрессо

kapucino

капучино

umuneke

банан

pome

яблоко

icunga

апельсин

wotameloni

арбуз

indimu

лимон

karoti

морковь

tungurusumu

чеснок

umugano

бамбук

urutunguru

лук

icyoba

гриб

ubunyobwa

орехи

amakaroni

лапша

spageti

спагетти

umuceri

рис

salade

салат

udufiriti

картофель фри

ibirayi by'ifiriti

жареный картофель

piza

пицца

hamburugeri

гамбургер

sanduwici

сэндвич

escalope

шницель

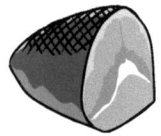

jambo

ветчина

salami

салями

sosiso

колбаса

inkoko

курица

kotsa

жаркое

ifi

рыба

igikoma cy'uburo

овсяные хлопья

pisitashi

мюсли

impeke

кукурузные хлопья

ifu

мука

kuruwasa

круассан

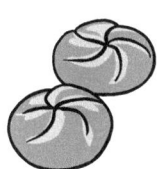

amandazi

булочка

umugati

хлеб

umugati wumishijwe

тост

ibisuguti

печенье

amavuta

масло

forumaje year

творог

keke

пирог

igi

яйцо

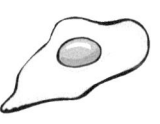

umureti

яичница

forumaje

сыр

ayisikirimu

мороженое

isukari

сахар

ubuki

мёд

konfitire

мармелад

shokora

крем с нугой

kiri

карри

ifamu

ферма

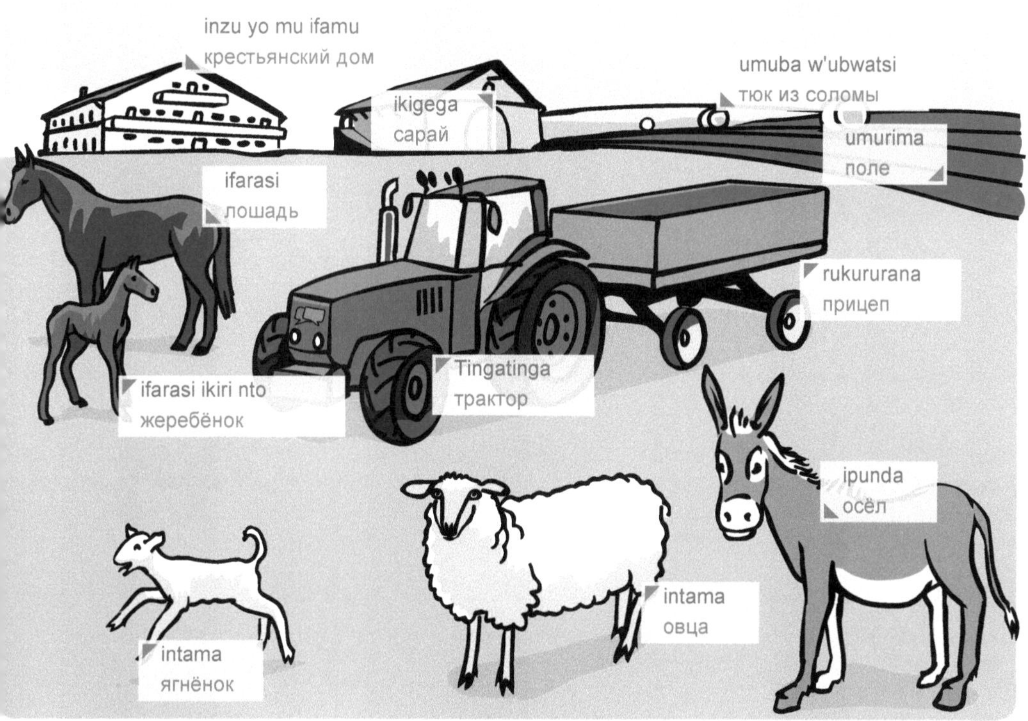

inzu yo mu ifamu
крестьянский дом
umuba w'ubwatsi
тюк из соломы
ikigega
сарай
umurima
поле
ifarasi
лошадь
rukururana
прицеп
Tingatinga
трактор
ifarasi ikiri nto
жеребёнок
ipunda
осёл
intama
овца
intama
ягнёнок

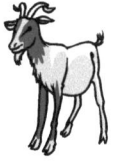

ihene

коза

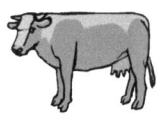

inka

корова

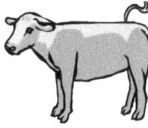

umutavu

телёнок

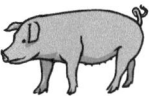

ingurube

свинья

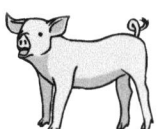

ikibwana k'ingurube

поросёнок

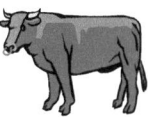

ikimasa

бык

igishuhe

гусь

imbata

утка

umushwi

цыплёнок

inkokokazi

курица

isake

петух

imbeba

крыса

injangwe

кошка

imbeba

мышь

ikimasa

вол

imbwa

собака

ikiruka

конура

itiyo ijyana mu karima

садовый шланг

arozuwari

лейка

najuru

коса

imashini ihinga

плуг

najuru

серп

isuka

мотыга

rato

навозные вилы

ishoka

топор

ingorofani

тачка

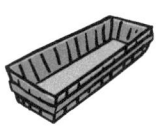

ikibumbiro

корыто

inkongoro

бидон для молока

igunira

мешок

urugo

забор

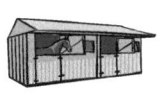

ikiraro

хлев

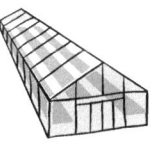

inzu ihingwamo

теплица

ubutaka

почва

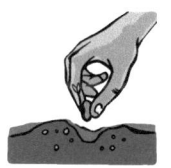

imbuto zo gutera

посев

ifumbire

удобрение

imashini isarura

комбайн

gusarura

собирать урожай

umusaruro

урожай

ibikoro

ямс

ingano

пшеница

soya

соя

ikirayi

картофель

ikigori

кукуруза

umwayi weze

рапс

igiti k'imbuto

фруктовое дерево

umwumbati

маниок

impeke

злаки

shemine
дымоход

igisenge
крыша

umureko
водосточный желоб

idirishya
окно

igaraji
гараж

inzogera yo ku muryango
звонок

umuryango
дверь

pubere
мусорное ведро

agasanduku k'amabaruwa
почтовый ящик

ubusitani
сад

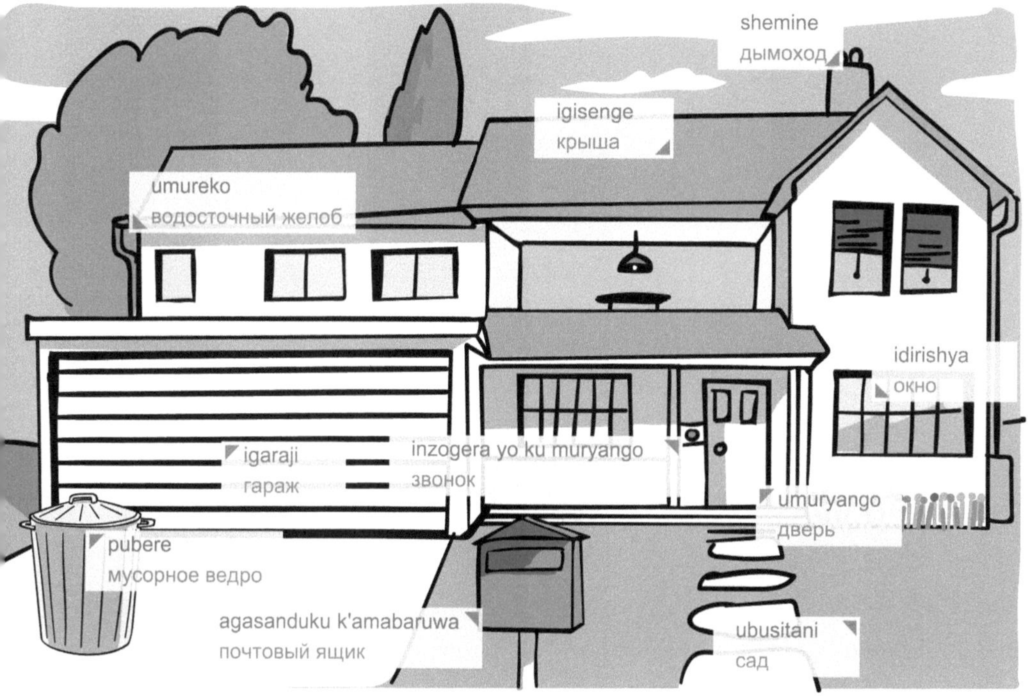

icyumba cy'uruganiriro
гостиная

ubwogero
ванная комната

igikoni
кухня

icyumba cyo kuraramo
спальня

icyumba cy'abana
детская комната

uburiro
столовая

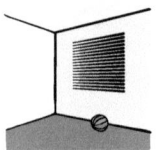

hasi

пол

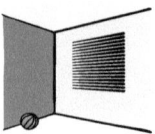

urukuta

стена

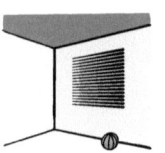

purafo

потолок

kave

подвал

sawuna

сауна

urubaraza

балкон

ku rubaraza

терраса

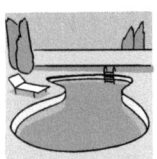

pisine

бассейн

imashini ikupakupa

газонокосилка

umwenda utwikira

пододеяльник

kuvureri

покрывало

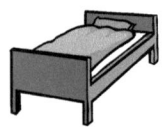

igitanda

кровать

umweyo

метла

indobo

ведро

enteributeri

выключатель

icyumba cy'uruganiriro

гостиная

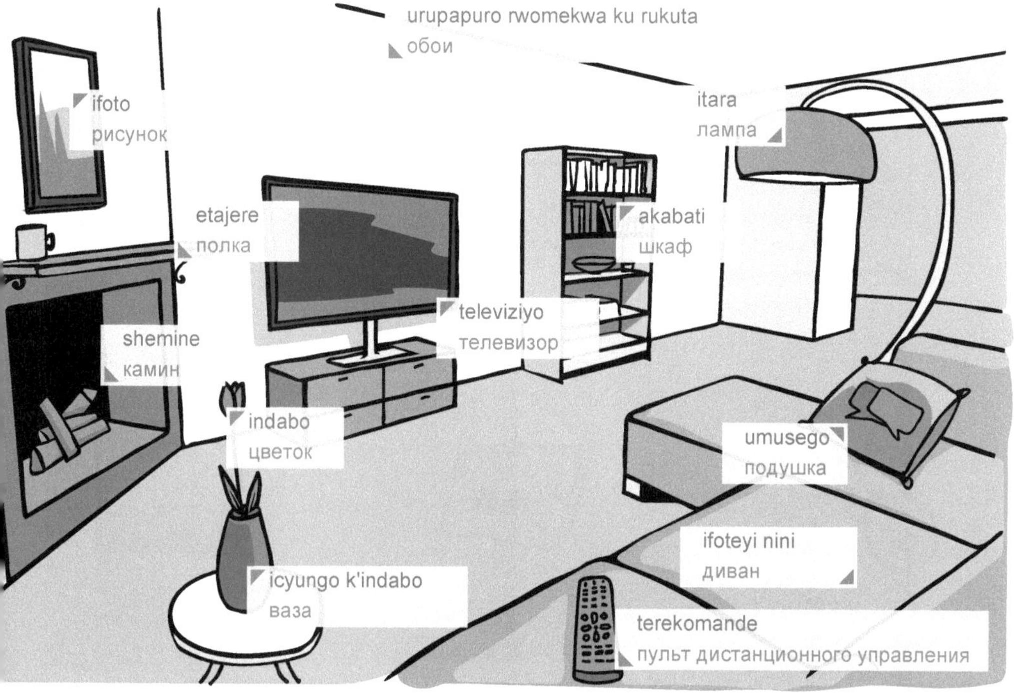
urupapuro rwomekwa ku rukuta
обои
ifoto
рисунок
itara
лампа
etajere
полка
akabati
шкаф
televiziyo
телевизор
shemine
камин
indabo
цветок
umusego
подушка
ifoteyi nini
диван
icyungo k'indabo
ваза
terekomande
пульт дистанционного управления

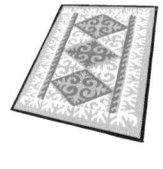

itapi

ковёр

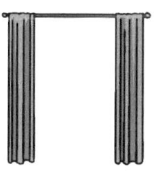

rido

штора

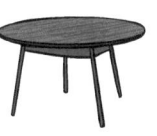

ameza

стол

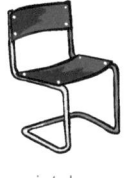

intebe

стул

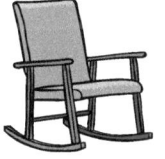

intebe yizengurutsa

кресло-качалка

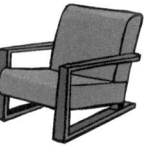

ifoteyi

кресло

igitabo

книга

uburingiti

покрывало

umutako

украшение

inkwi

дрова

filimi

фильм

ibikoresho bya hifi

стереосистема

urufunguzo

ключ

ikinyamakuru

газета

ishusho

картина

icyapa

плакат

iradiyo

радио

ikarine

блокнот

umweyo wa kizungu ukoresha umwka

пылесос

ikimungu

кактус

buji

свеча

igikoni
кухня

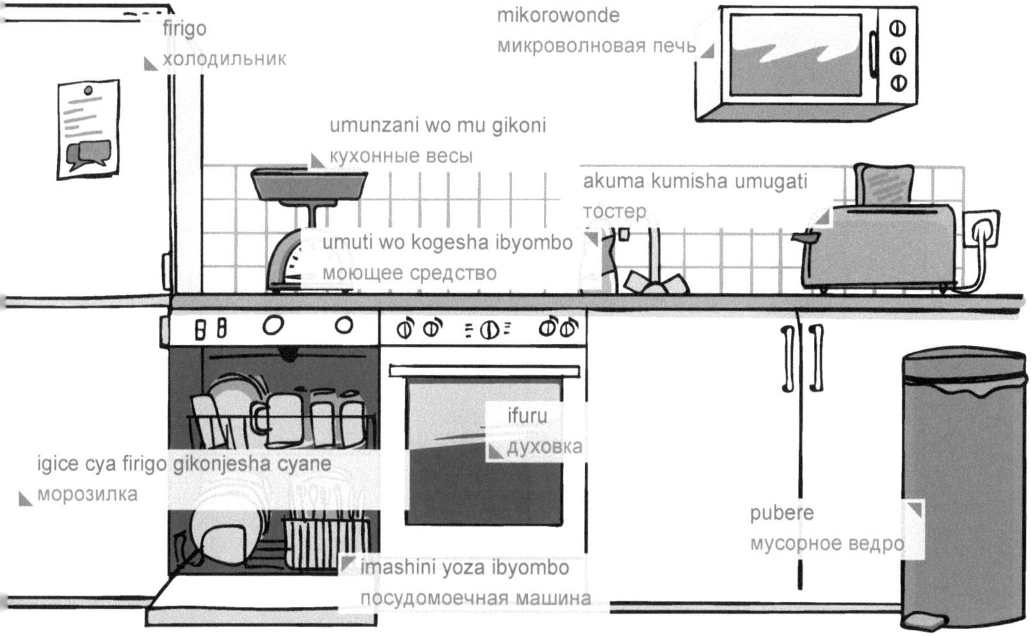
firigo
холодильник
mikorowonde
микроволновая печь
umunzani wo mu gikoni
кухонные весы
akuma kumisha umugati
тостер
umuti wo kogesha ibyombo
моющее средство
ifuru
духовка
igice cya firigo gikonjesha cyane
морозилка
pubere
мусорное ведро
imashini yoza ibyombo
посудомоечная машина

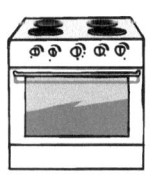

iziko

плита

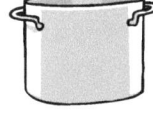

icyungo

кастрюля

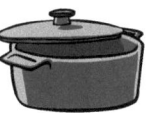

inkono y'icyuma

чугунный котелок

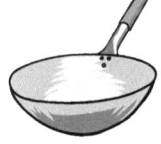

ipanu ifukuye cyane

вок / кадай

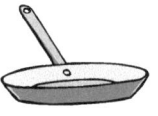

ipanu

сковорода

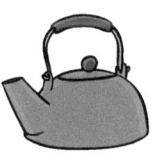

ibirika

чайник

isafuriya ya peresiyo

пароварка

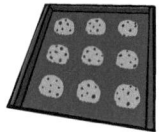

isahani yo mu ifuru

противень

ibyombo

посуда

igikombe

кружка

isorori

миска

uduti abashinwa barisha

палочки для еды

ikiyiko kigabura

половник

lkiyiko cyarura ifiriti

лопатка

umutozo

сбивалка

paswari

сито

akayunguruzo

сито

agaharuzo ka karoti

тёрка

isekuru

ступка

icyokezo

гриль

shomine

костёр

akabaho ko gukatiraho imboga

скалка

umwuko

доска

urufunguzo rwa divayi

штопор

agakopo

жестяная банка

urufunguzo rw'amakopo

консервный нож

umukondo w'icyungo

прихватка

ravabo

раковина

uburoso

щетка

iponji

губка

mixer

миксер

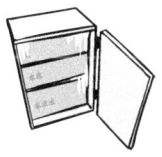

firigo itambitse

морозильная камера

bibero

бутылочка для кормления

robine

кран

ubwogero

ванная комната

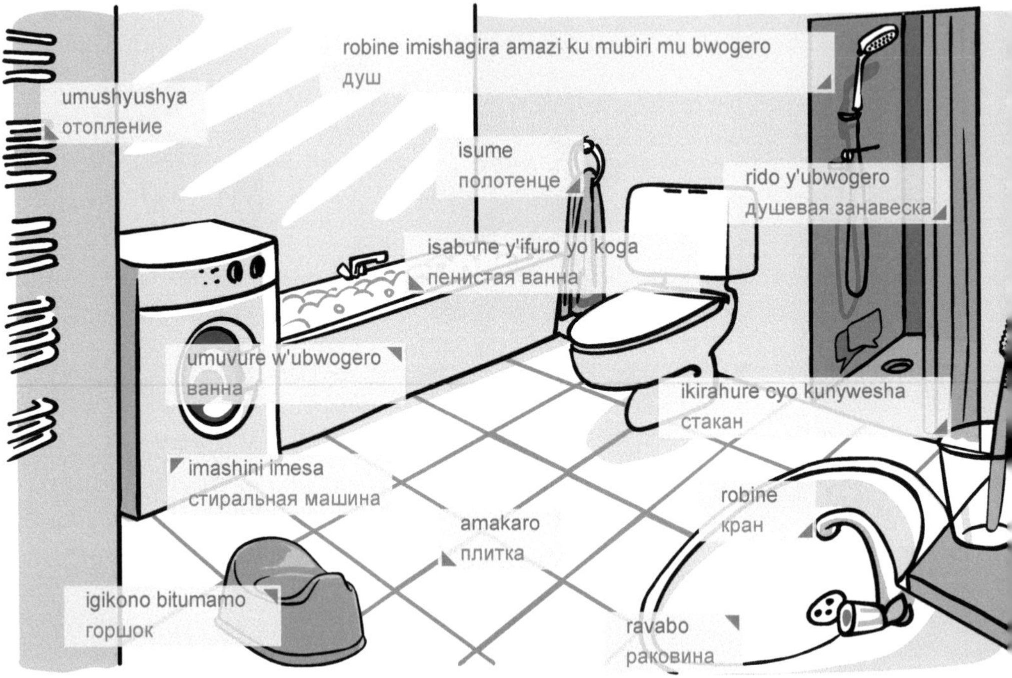

robine imishagira amazi ku mubiri mu bwogero
душ

umushyushya
отопление

isume
полотенце

rido y'ubwogero
душевая занавеска

isabune y'ifuro yo koga
пенистая ванна

umuvure w'ubwogero
ванна

ikirahure cyo kunywesha
стакан

imashini imesa
стиральная машина

amakaro
плитка

robine
кран

igikono bitumamo
горшок

ravabo
раковина

ubwiherero

туалет

umusarani wo gusutama

напольный унитаз

igikono cy'ubwiherero bwo
mu nzu

биде

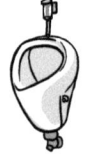

aho bihagarika

писсуар

papiyejenike

туалетная бумага

uburoso bwo mu bwiherero

ершик

uburoso bw'amenyo

зубная щетка

korogati

зубная паста

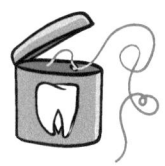

akagozi ko kwihaganyuza amenyo

зубная нить

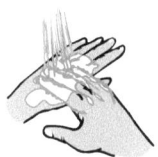

gukaraba

мыть

akamishagira amazi ku mubiri bafata mu ntoki

ручной душ

ubwogero bw'amazi yisuka

интимный душ

lavabo bakarabiramo intoki

таз

uburoso bwo kwitsiritisha mu mugongo

щетка для спины

isabune

мыло

isabune yo mu bwogero

гель для душа

isabune yo kumeshesha umusatsi

шампунь

icyangwe cyo kwiyuhagiza

мочалка

kuyobora amazi yanduye

сток

ikimuri

крем

umubavu

дезодорант

ikirori cyo mu ntoki

зеркало

ikirori cyo mu ntoki

ручное зеркало

urwembe

бритва

ifuro ryo kurinda imiburu

пена для бритья

umuti ukingira imiburu

лосьон после бритья

igisokozo

расческа

uburoso

щетка

imashini yumisha umusatsi

фен

amarashi y'umusatsi

лак для волос

igishahuro cyo kwitera

косметика

rujalevure

губная помада

verini y'inzara

лак для ногтей

ipamba

вата

agasena inzara

маникюрные ножницы

umubavu

духи

agafuka k'ibikoresho byo
mu bwogero

косметичка

intebe

табуретка

umunzani

весы

ikanzu yo kujyana mu
bwogero

халат

udupfukantoki two
gusukuza

резиновые перчатки

urubindo

тампон

udupapuro two
vihanaguza mu bwiherero

гигиеническая прокладка

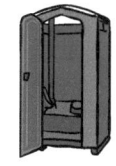

ubwiherero bwimukanwa

биотуалет

icyumba cy'abana

детская комната

inzogera y'isaha ikangura
будильник
igipupe gikoze mu myenda
мягкая игрушка
udukinisho tw'imodoka
игрушечный автомобиль
ikinyuguri
погремушка
inzu y'ibipupe
кукольный домик
impano
подарок

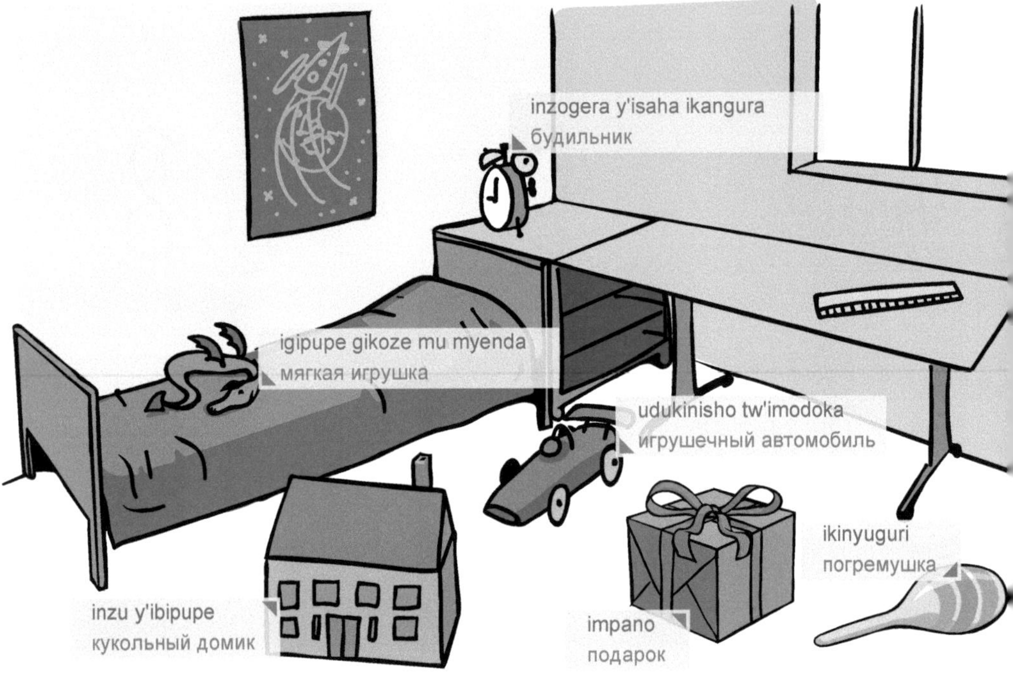

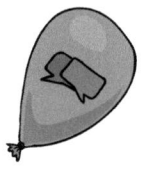

ballon

воздушный шар

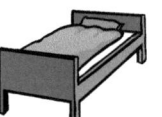

igitanda

кровать

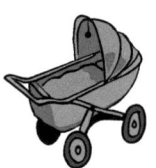

agapusipusi

детская коляска

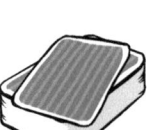

amakarita

карточная игра

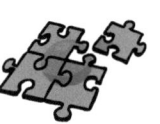

kubaka ishusho bacagaguye

пазл

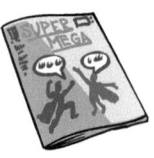

inkuru isetsa

комикс

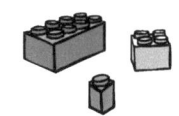

gucomekanya udutafari

кирпичики Лего

udutafari tw'udukinisho

кубики

igikinisho

игрушечная фигурка

ipinjama y'uruhinja

ползунки

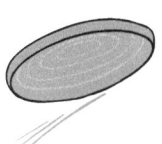

gutera indege

фрисби

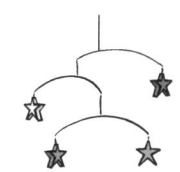

terefoni ngendanwa

мобиле

imikino yo kuganiriraho

настольная игра

igisoro

кубик

gariyamoshi y'igikinisho

модель железной дороги

ikinyonyo

соска

umunsi mukuru

вечеринка

arubumu

книга с картинками

umupira

мяч

agapupe

кукла

gukina

играть

igikarito cy'umucanga

песочница

urwicundo

качели

ibikinisho

игрушка

agasanduku k'imikino yo kuri videwo

игровая приставка

akagare k'imipine itatu

трёхколесный велосипед

igipupe k'ibyoya

плюшевый медвежонок

akabati k'imyenda

шкаф для одежды

imyambaro

одежда

amasogisi

носки

amasogisi afatanye n'ikariso

чулки

kora

колготки

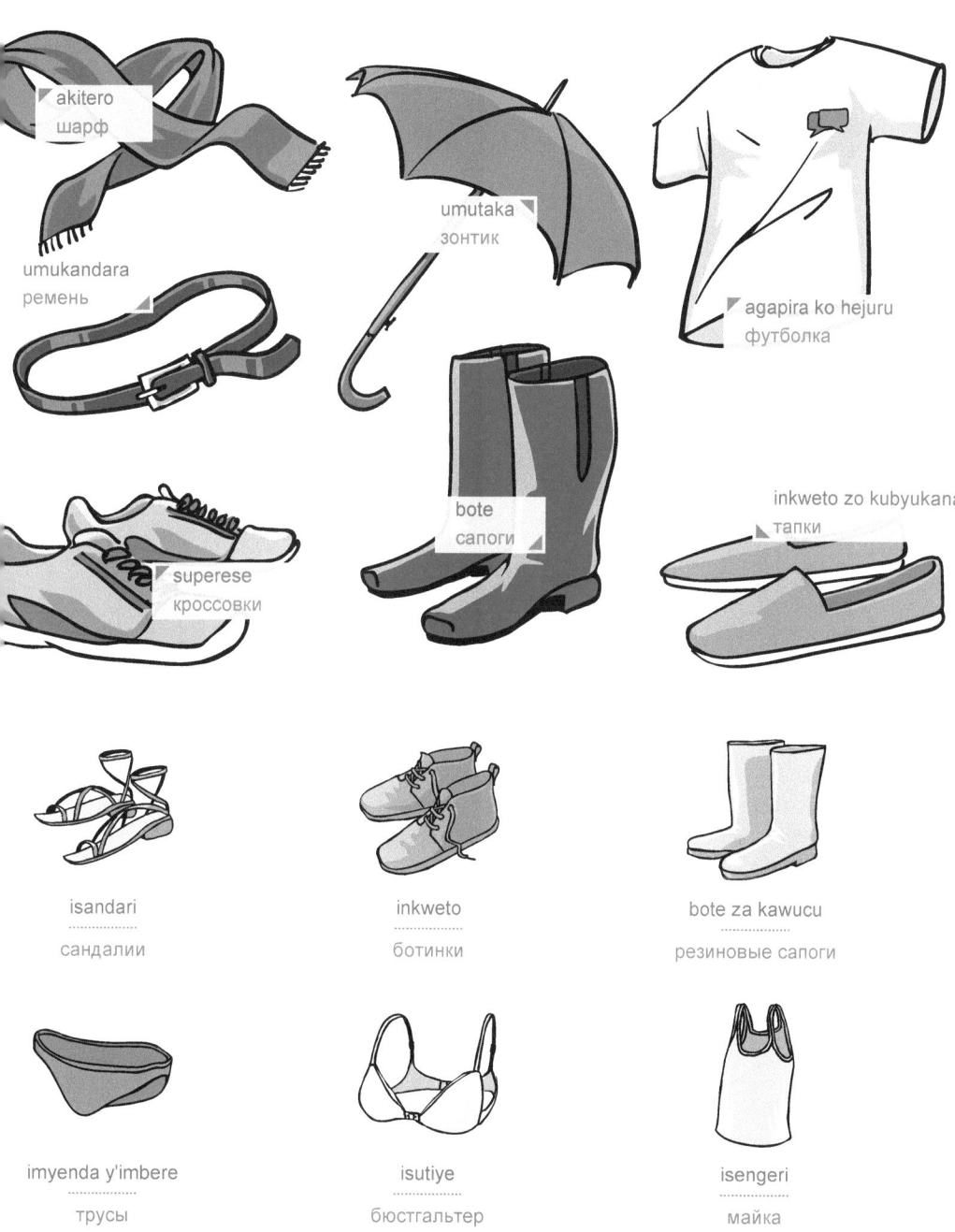

akitero
шарф

umukandara
ремень

umutaka
зонтик

agapira ko hejuru
футболка

superese
кроссовки

bote
сапоги

inkweto zo kubyukana
тапки

isandari
сандалии

inkweto
ботинки

bote za kawucu
резиновые сапоги

imyenda y'imbere
трусы

isutiye
бюстгальтер

isengeri
майка

imyambaro - одежда

body

боди

ipantalo

брюки

ikoboyi

джинсы

ijipo

юбка

ishati y'abagore

блузка

ishati

рубашка

umupira w'imbeho

свитер

umupira w'ingofero

свитер

agakoti

спортивная куртка

ijaketi

жакет

ikoti

пальто

ikoti ry'imvura

плащ

umwambaro w'ibikino

костюм

ikanzu

платье

ikanzu y'abageni

свадебное платье

kostitimu

мужской костюм

ikanzu yo kurarana

ночная сорочка

ipinjama

пижама

umukenyero w'abahindikazi

сари

igitambaro cyo mu mutwe

платок

urugori

тюрбан

umwitandiro uhisha isura

паранджа

ikanzu ndende

кафтан

igishura

абайя

imyenda yo
kwidumbaguzanya

купальник

ikariso yo
kwidumbaguzanya

плавки

ikabutura

шорты

tereningi

спортивный костюм

itaburiya

фартук

udupfukantoki

перчатки

igipesu

пуговица

amadarubindi

очки

igikomo

браслет

umukufi

цепочка

impeta

кольцо

iherena

серьга

ingofero

шапка

porutemanto

вешалка

ingofero

шляпа

karuvati

галстук

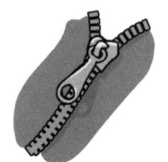

imashini yo ku mwenda

застежка молния

kasike

шлем

amaburuteri

подтяжки

umwambaro w'ishuri

школьная форма

impuzankano

форма

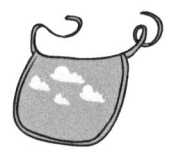

agakingirankonda

детский нагрудник

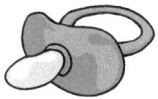

ikinyonyo

соска

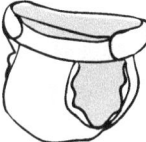

amaranje

подгузник

ibiro
офис

seriveri
сервер
akabati k'impapuro
канцелярский шкаф
empirimante
принтер
urupapuro
бумага
ekara
монитор
suri
мышь
ameza yo kwandikiraho
письменный стол
karaseri
папка
karaviye
клавиатура
pubere
корзина для бумаг
mudasobwa
компьютер
intebe
стул

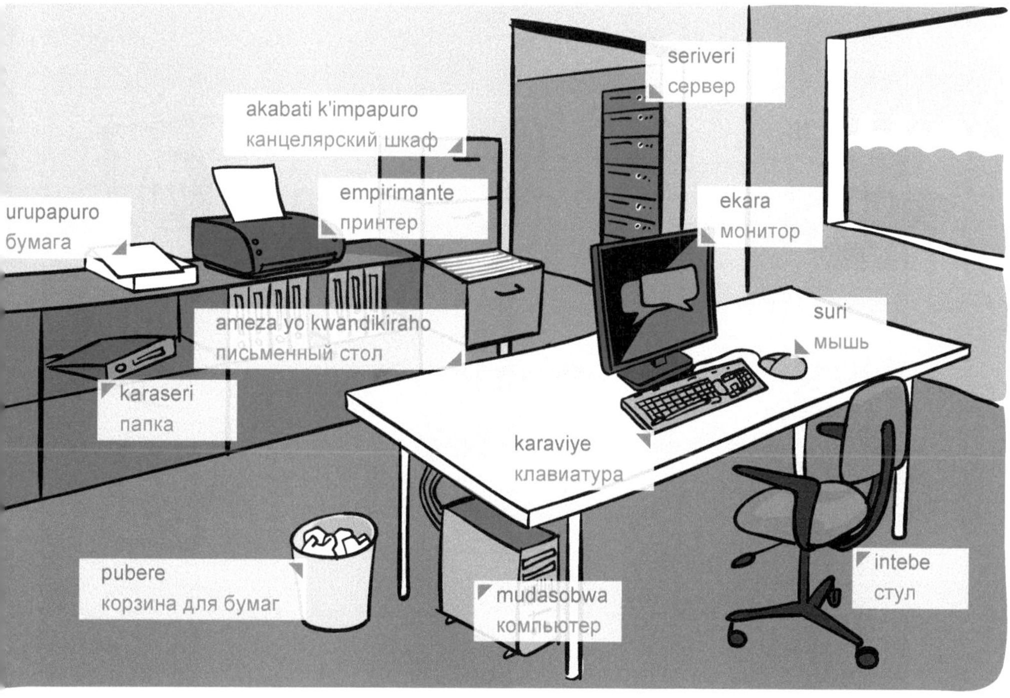

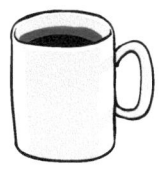

igikombe k'ikawa

кофейная кружка

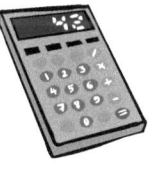

akabarisho

калькулятор

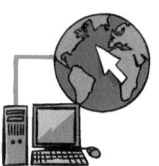

enterineti

интернет

laputopu

ноутбук

ibaruwa

письмо

ubutumwa

сообщение

ngendanwa

мобильный телефон

netiwake

сеть

fotokopiyeze

ксерокс

porogaramu

программа

telefoni

телефон

purize

розетка

imashini yohereza fagisi

факс

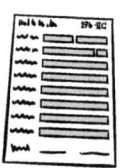

fomu

формуляр

inyandiko

документ

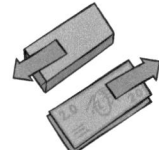

kugura

покупать

kwishyura

платить

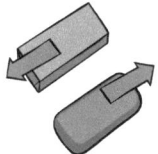

gucuruza

торговать

amafaranga

деньги

 USD

idorari

доллар

 **EUR**

iyero

евро

 **JPY**

iyeni

иена

 **RUB**

irubure

рубль

 **CHF**

ifaranga ry'irisuwisi

франк

 **CNY**

iriyuwani

жэньминьби юань

 **INR**

irupi

рупия

icyuma cya banki
babikurizaho

банкомат

ku muvunjayi

пункт обмена валюты

zahabu

золото

feza

серебро

peteroli

нефть

ingufu z'amashanyarazi

энергия

igiciro

цена

kontaro

договор

tagisi

налог

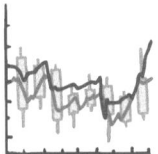

isoko ryo kugura no kugurisha

акция

gukora

работать

umukozi

служащий

umukoresha

работодатель

uruganda

фабрика

iduka

магазин

imirimo
профессии

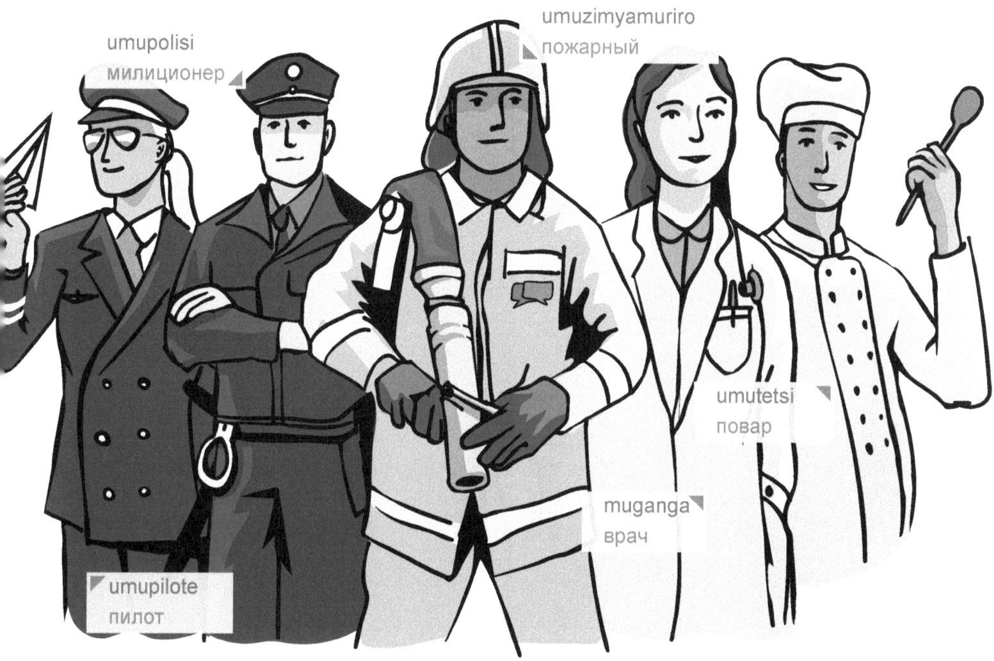
umupolisi
милиционер
umuzimyamuriro
пожарный
umutetsi
повар
muganga
врач
umupilote
пилот

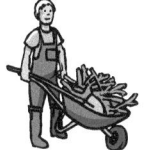

umujaridiniye

садовник

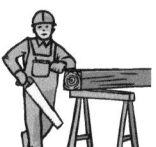

umubaji

столяр

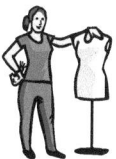

umudozi

швея

umucamanza

судья

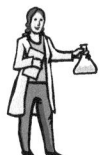

umunyabutabire

химик

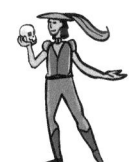

umukinnyi wa filimi

актёр

umushoferi wa bisi

водитель автобуса

umushoferi wa tagisi

таксист

umurobyi

рыбак

umugore ushinzwe gukora isuku

уборщица

umufundi usakara

кровельщик

umuseriveri

официант

umuhigi

охотник

umuntu usiga irangi

художник

Umuntu ukora imigati

пекарь

Umuntu ukora mu mashanyarazi

электрик

umufundi

строитель

injenyeri

инженер

umubazi

мясник

umutnu ukora mu mazi

сантехник

umuparanto

почтальон

umusirikare

солдат

umwubatsi

архитектор

umubitsi

кассир

umuntu ukora mu by'indabo

флорист

kimyozi

парикмахер

komvuwayeri

кондуктор

umukanishi

механик

kapiteni

капитан

muganga w'amenyo

зубной врач

umuhanga muri siyansi

ученый

rabi

раввин

imamu

имам

umumwane

монах

umuyobozi w'idini

священник

ibikoresho
инструменты

inyundo
молоток
igifashi
плоскогубцы
turunevisi
отвёртка
itoroshi
карманный фон
isupani
гаечный ключ

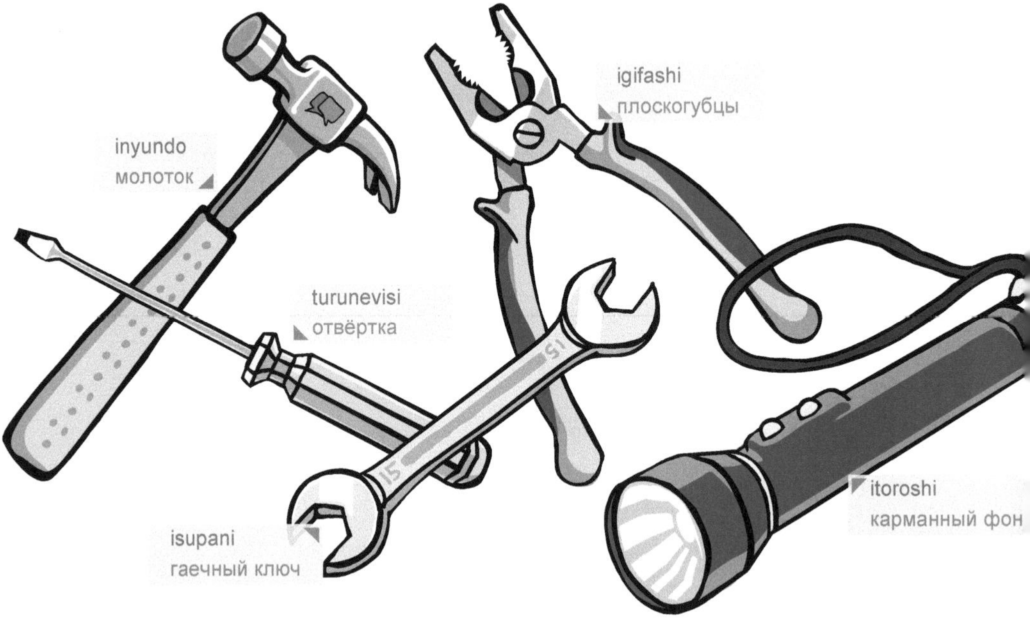

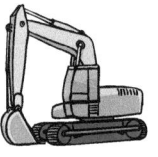

ipiki

экскаватор

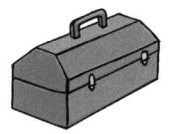

isanduku y'ibikoresho

ящик для инструментов

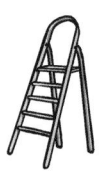

urwego

стремянка

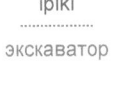

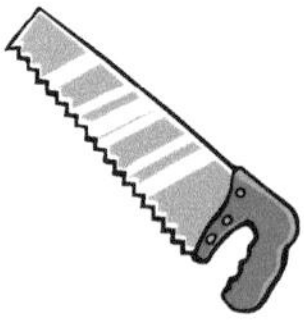

urukero

пила

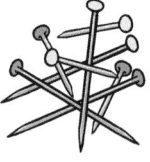

imisumari

гвозди

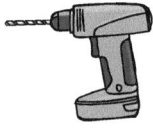

itindo

дрель

gusana

ремонтировать

igitiyo

лопата

wo gacwa we

Блин!

igitiyo

совок

igikombe k'irangi

ведро с краской

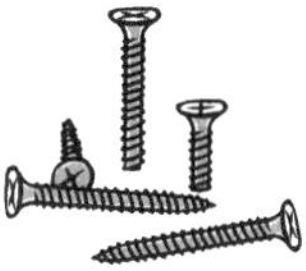

amavisi

винты

ibyuma by'umuziki
музыкальные инструменты

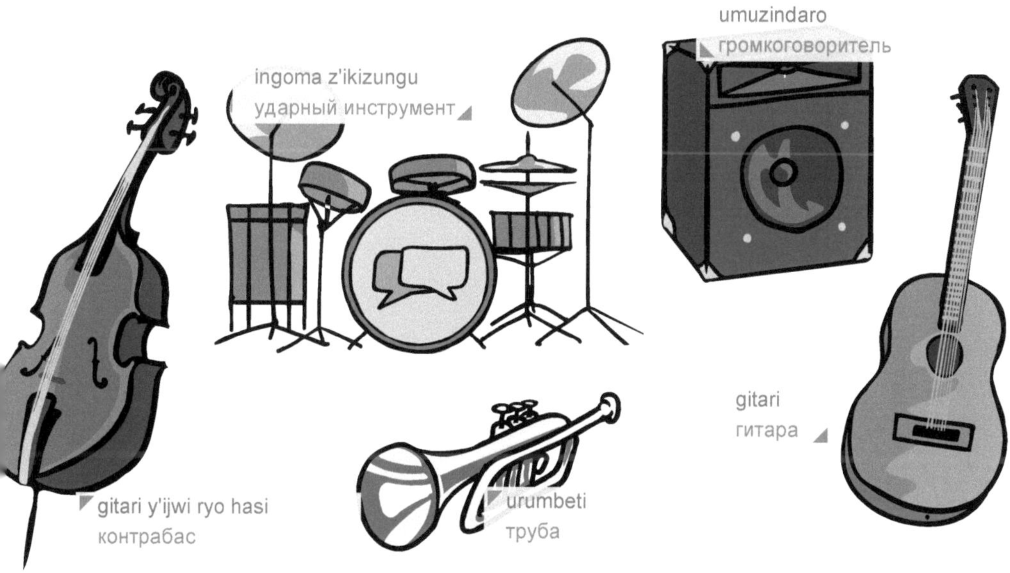

umuzindaro
громкоговоритель

ingoma z'ikizungu
ударный инструмент

gitari
гитара

gitari y'ijwi ryo hasi
контрабас

urumbeti
труба

piyano

пианино

iningiri

скрипка

gitari idunda

бас-гитара

sembare

литавры

ingoma

барабан

inanga ya kizungu

синтезатор

sagisofone

саксофон

umwirongi

флейта

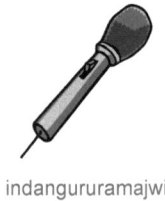

indanguruamajwi

микрофон

zoo

зоопарк

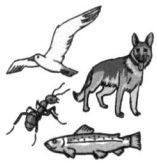

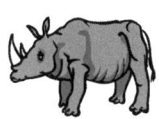

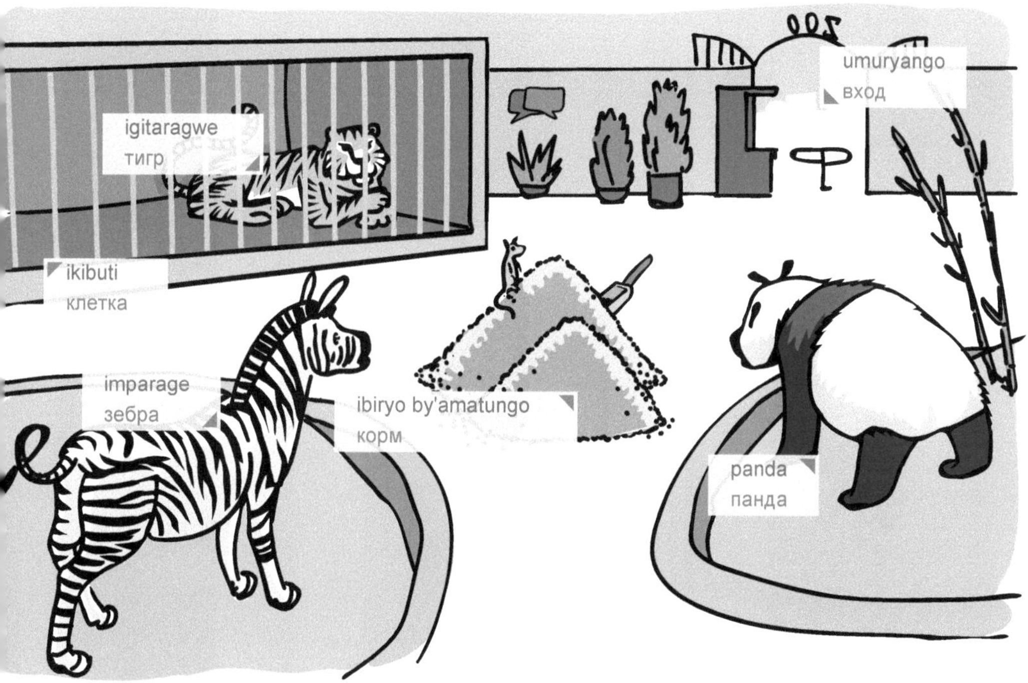

umuryango
вход
igitaragwe
тигр
ikibuti
клетка
imparage
зебра
ibiryo by'amatungo
корм
panda
панда

inyamaswa

животные

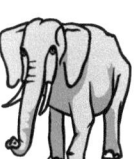

inzovu

слон

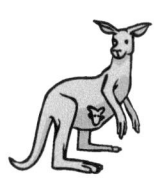

kanguru

кенгуру

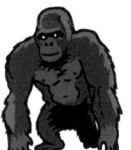

inkura

носорог

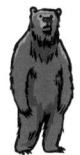

ingagi

горилла

idubu

медведь

ingamiya

верблюд

imbuni

страус

intare

лев

inguge

обезьяна

uruyongoyongo

фламинго

gasuku

попугай

idubu yo mu bukonie

белый медведь

inyoni yo ku mazi

пингвин

igifi kinini

акула

inyoni y'amasunzu

павлин

inzoka

змея

ingona

крокодил

umurinzi

служитель зоопарка

umuhuri

тюлень

ingwe

ягуар

zoo - зоопарк

icyana k'ifarasi

пони

ingwe

леопард

imvubu

бегемот

umusumbarembo

жираф

inkona

орёл

isatura

кабан

ifi

рыба

akanyamasyo

черепаха

igifi k'imikaka

морж

umuhari

лиса

isha

газель

Futuboro y'abanyamerika
американский футбол

gusiganwa ku magare
езда на велосипеде

tenisi
теннис

Basiketi
баскетбол

umukino wo koga
плавание

umukino w'amakofe
бокс

Hoke yo ku rubura
хоккей

umupira w'amaguru
....
футбол

umukino wa badminton
....
бадминтон

abakina imikino
ngororamubiri
....
лёгкая атлетика

handibolo
....
гандбол

guserereka kuri neje
....
лыжный спорт

polo
....
поло

ibikorwa

действия

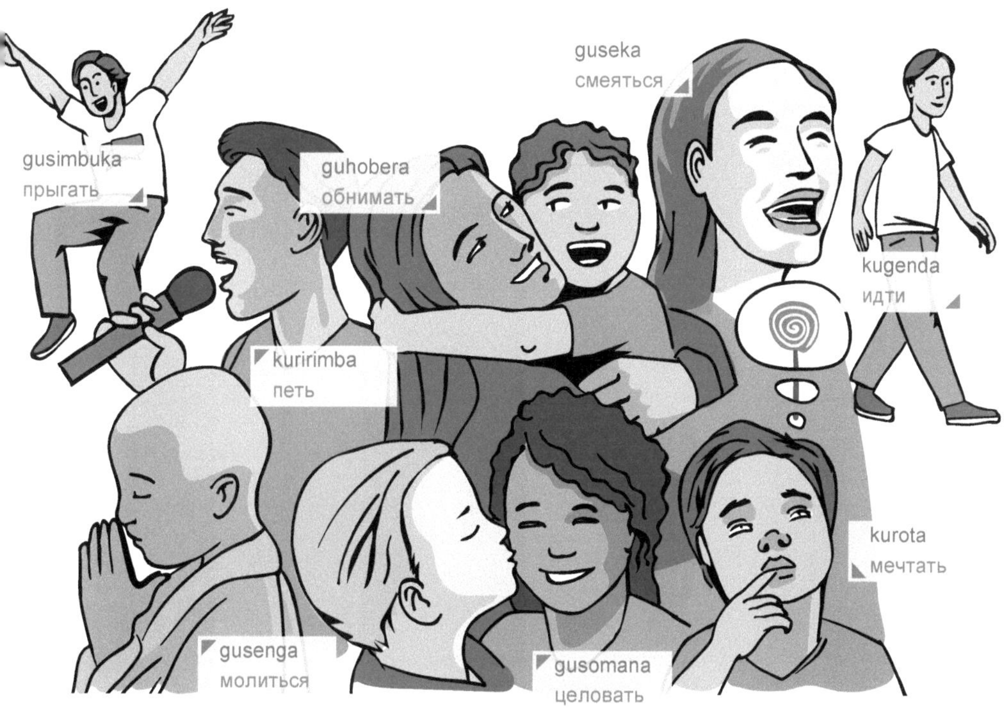

guseka
смеяться
gusimbuka
прыгать
guhobera
обнимать
kugenda
идти
kuririmba
петь
kurota
мечтать
gusenga
молиться
gusomana
целовать

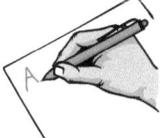

kwandika

писать

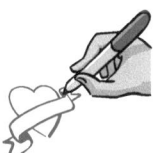

gushushanya

рисовать

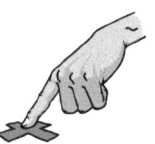

kwerekana

показывать

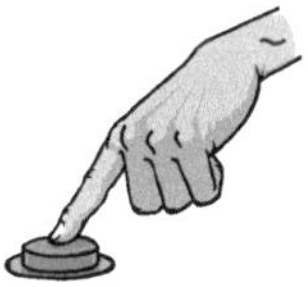

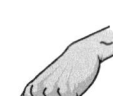

gusunika

нажимать

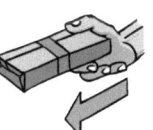

gutanga

давать

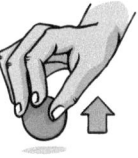

gufata

брать

kugira

иметь

gukora

делать

kuba

быть

guhaguruka

стоять

kwiruka

бежать

gukurura

тянуть

kujugunya

бросать

kugwa

падать

kuryama

лежать

gutegereza

ждать

kwikorera

носить

kwicara

сидеть

kwambara

надевать

gusinzira

спать

gukanguka

просыпаться

kureba

рассматривать

kurira

плакать

kwagaza

гладить

gusokoza

причесывать

kuvuga

говорить

gusobanukirwa

понимать

kubaza

спрашивать

kumva

слушать

kunywa

пить

kurya

кушать

gushyira ku murongo

наводить порядок

gukunda

любить

guteka

готовить

gutwara imodoka

ехать

kuguruka

летать

kugashya

ходить под парусом

kubara

считать

gusoma

читать

kwiga

учиться

gukora

работать

kurongora

вступать в брак

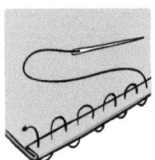

kudoda

шить

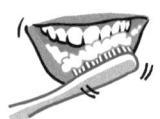

uburoso bw'amenyo

чистить зубы

kwica

убивать

kunywa itabi

курить

kohereza

отправлять

umuryango

семья

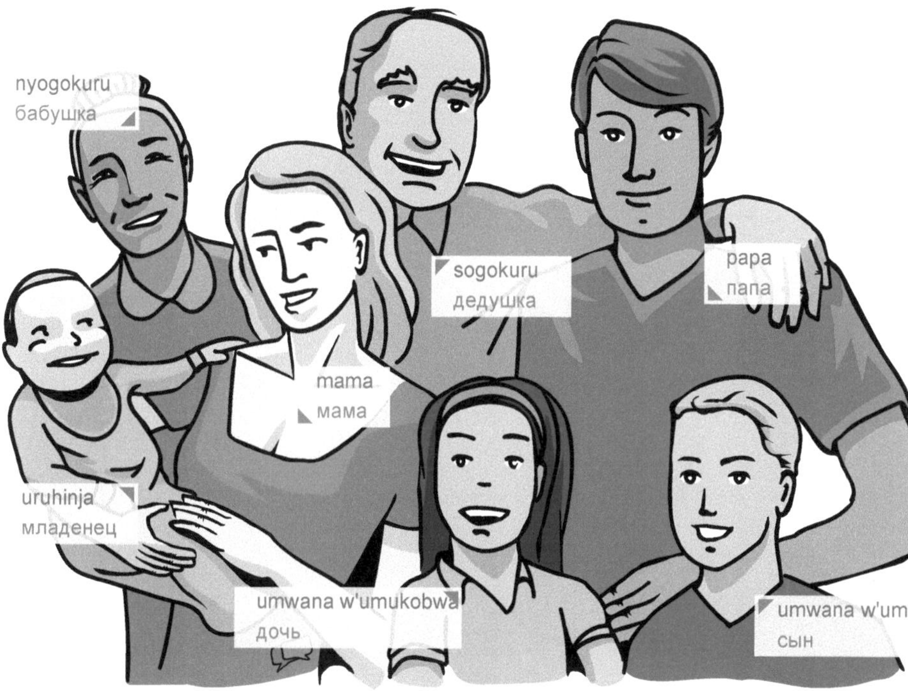

nyogokuru
бабушка
sogokuru
дедушка
papa
папа
mama
мама
uruhinja
младенец
umwana w'umukobwa
дочь
umwana w'umuhungu
сын

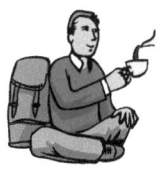

umushyitsi

гость

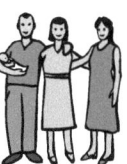

masenge

тетя

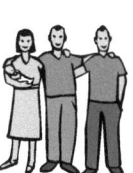

marume

дядя

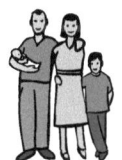

musaza wange

брат

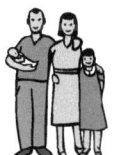

mushiki wange

сестра

umubiri

тело

agahanga k'imbere
лоб
ijisho
глаз
urutugu
плечо
urutoki
палец
isura
лицо
akananwa
подбородок
ikiganza
кисть
ukuguru
нога
ibere
грудь
ukuboko
рука

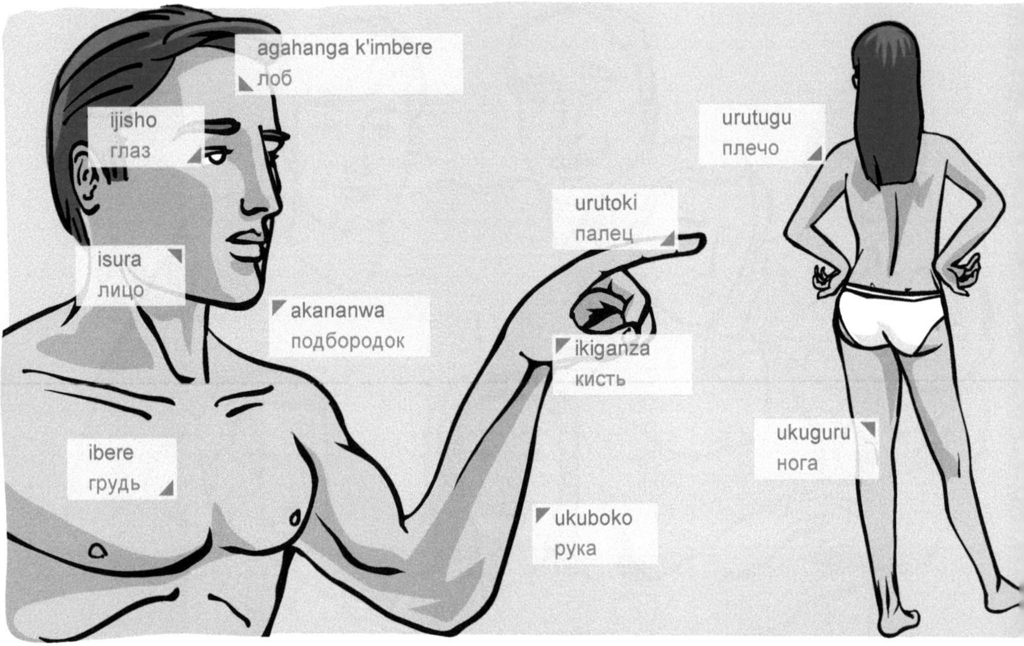

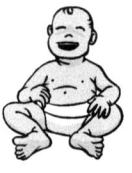

uruhinja

младенец

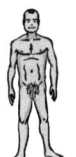

umugabo

мужчина

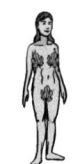

umugore

женщина

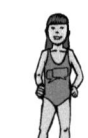

umukobwa

девочка

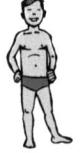

umuhungu

мальчик

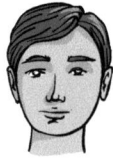

umutwe

голова

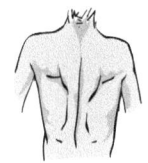

umugongo

спина

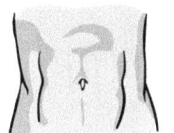

inda

живот

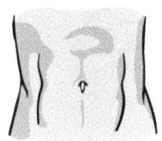

umukondo

пупок

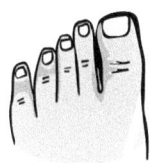

ino

палец ноги

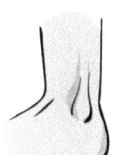

agatsinsino

пятка

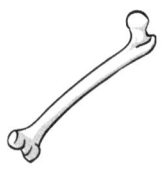

igufa

кость

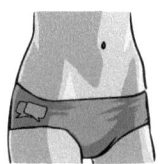

amayunguyungu

бедро

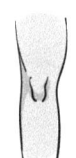

ivi

колено

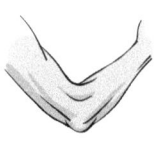

inkokora

локоть

izuru

нос

ikibuno

ягодицы

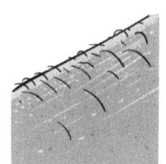

uruhu

кожа

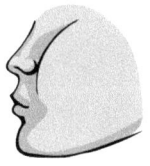

itama

щека

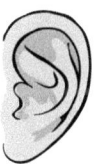

ugutwi

ухо

umunwa

губа

mu munwa

рот

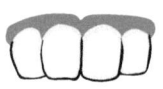

iryinyo

зуб

ururimi

язык

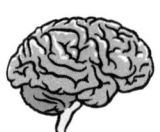

ubwonko

мозг

umutima

сердце

umutsi

мышца

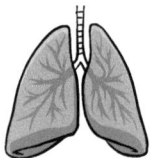

ibihaha

лёгкое

umwijima

печень

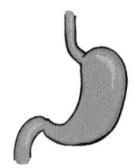

igifu

желудок

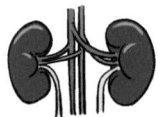

impyiko

почки

igitsina

половой акт

agakingirizo

презерватив

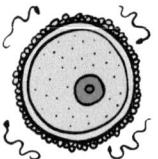

intanga

яйцеклетка

amasohoro

сперма

gusama inda

беременность

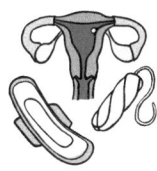

imihango

менструация

igituba

вагина

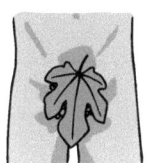

imboro

пенис

ibitsike

бровь

umusatsi

волосы

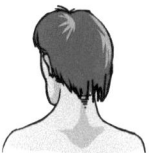

ijosi

шея

ibitaro

больница

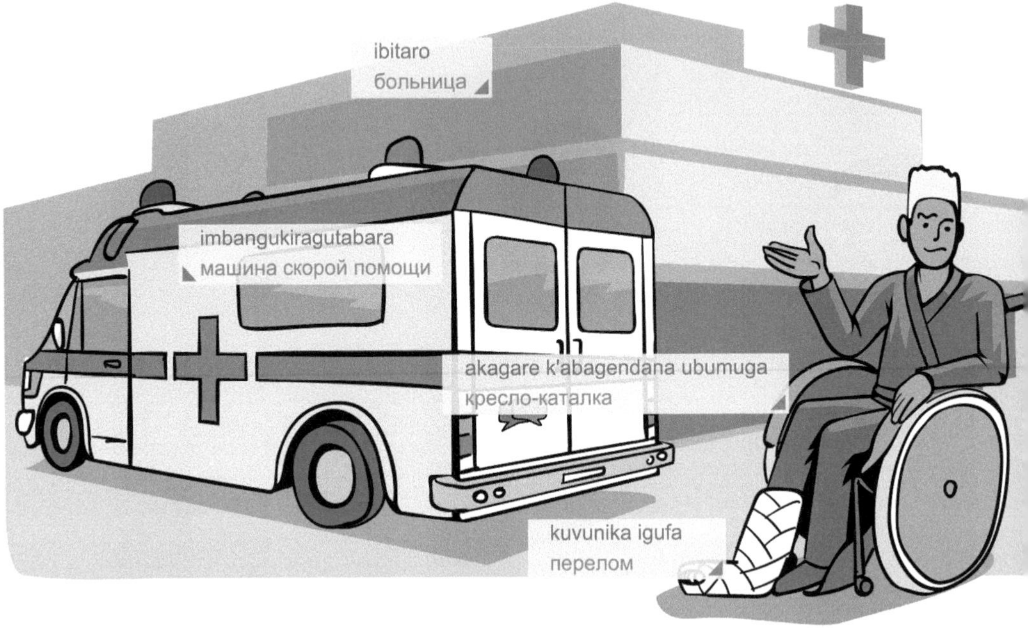

ibitaro
больница
imbangukiragutabara
машина скорой помощи
akagare k'abagendana ubumuga
кресло-каталка
kuvunika igufa
перелом

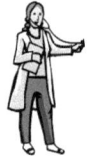

muganga

врач

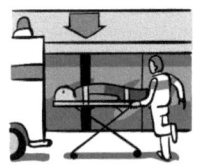

icyumba k'indembe

пункт первой помощи

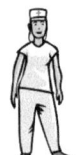

umuforomo kazi

медсестра

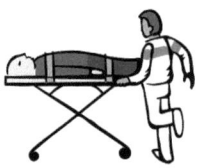

mu ndembe

неотложный случай

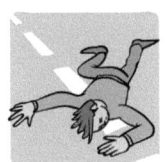

guta ubwenge

без сознания

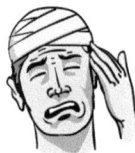

ububabare

боль

igikomere

повреждение

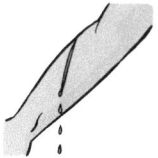

kuva amaraso

кровотечение

gufatwa n'umutima

инфаркт

kuziba k'udutsi two mu bwonko

инсульт

kwivumbura k'umubiri

аллергия

inkorora

кашель

umuriro

вышенная температура

ibicurane

грипп

impiswi

понос

kurwara umutwe

головная боль

kanseri

рак

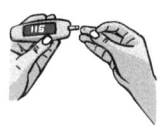

diyabete

диабет

muganga ubaga

хирург

icyuma kibaga umurwayi

скальпель

kubagwa

операция

ibitaro - больница

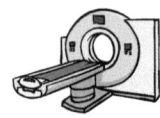

ifoto yo mu cyuma

KT

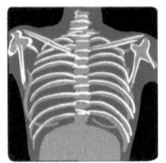

radiyo

рентген

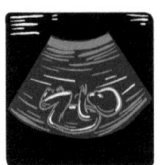

isuzuma rikoresha amajwi

ультразвук

agapfukamunwa

маска

indwara

болезнь

icyumba bategererezamo

приёмная

imbago yo kwicumba

костыль

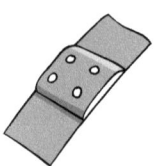

pasema

пластырь

igipfuko

бинт

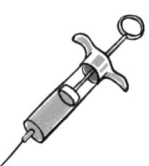

urushinge

укол

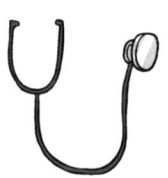

igipimo cy'umutima

стетоскоп

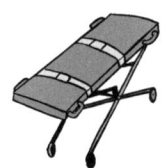

burankari

носилки

igipimo cy'umuriro

термометр

ivuka

рождение

umubyibuho ukabije

избыточный вес

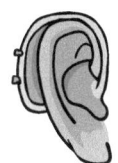

nyunganirangingo y'amatwi

слуховой аппарат

umuti wica mikorobe

дезинфекционное средство

ubwandu

инфекция

virusi

вирус

Virusi itera sida / Sida

ВИЧ / СПИД

ubuganga

лекарство

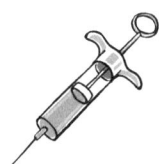

gukingira

прививка

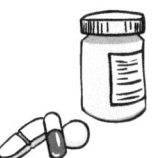

ibinini

таблетки

ikinini

противозачаточная таблетка

guhamagara byihutirwa

экстренный вызов

igenzura ry'umuvuduko w'amaraso

прибор для измерения кровяного давления

urwaye / ufite amagara meza

больной / здоровый

Ntabara!

Помогите!

inzogera itabaza

сигнал тревоги

gusagarira

нападение

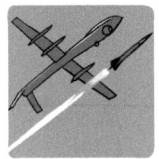

igitero

атака

icyateza amakuba

опасность

umuryango unyuramo ukiza amagara

запасной выход

Inkongi!

Пожар!

ikizimyamuriro

огнетушитель

impanuka

несчастный случай

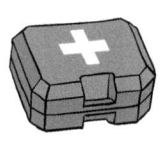

ibikoresho by'ubutabazi bw'ibanze

аптечка

induru itabaza

SOS

polisi

милиция

Uburayi

Европа

Amerika y'Amajyaruguru

Северная Америка

Amerika y'Amagepfo

Южная Америка

Afurika

Африка

Aziya

Азия

Ositarariya

Австралия

Atalantika

Атлантический океан

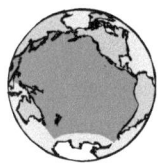

Oasifika

Тихий океан

Inyanja y'Abahinde

Индийский океан

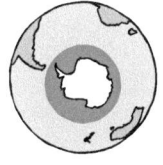

Inyanja y'Antagitika

Антарктический океан

Inyanja y'Arigitika

Северный Ледовитый
океан

Amajyaruguru y'Isi

Северный полюс

Amagepfo y'Isi

Южный полюс

Antaragitika

Антарктика

Isi

земля

ubutaka

суша

ikiyaga

море

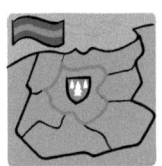

ikirwa

остров

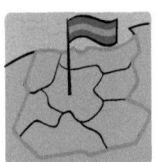

igihugu

нация

leta

государство

Isi - земля

kadere y'isaha

циферблат

urushinge rw'amasaha

часовая стрелка

urushinge rw'iminota

минутная стрелка

urushinge rw'amasegonda

секундная стрелка

ni isaha ki?

Который час?

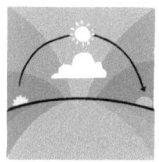

umunsi

день

igihe

время

nonaha

сейчас

isaha y'imibare

электронные часы

iminota

минута

amasaha

час

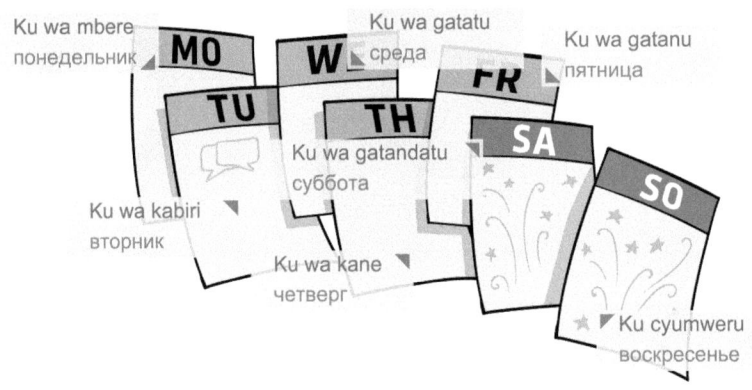

Ku wa mbere
понедельник

Ku wa gatatu
среда

Ku wa gatanu
пятница

Ku wa gatandatu
суббота

Ku wa kabiri
вторник

Ku wa kane
четверг

Ku cyumweru
воскресенье

ejo hashize

вчера

сегодня

ejo hazaza

завтра

igitondo

утро

saa sita

полдень

ku mugoroba

вечер

iminsi y'akazi

рабочие дни

wikendi

выходные

imvura
дождь

umukororombya
радуга

umuyaga
ветер

neje
снег

urugaryi
весна

umuhindo
осень

iki
лето

igihe cy'ubukonje
зима

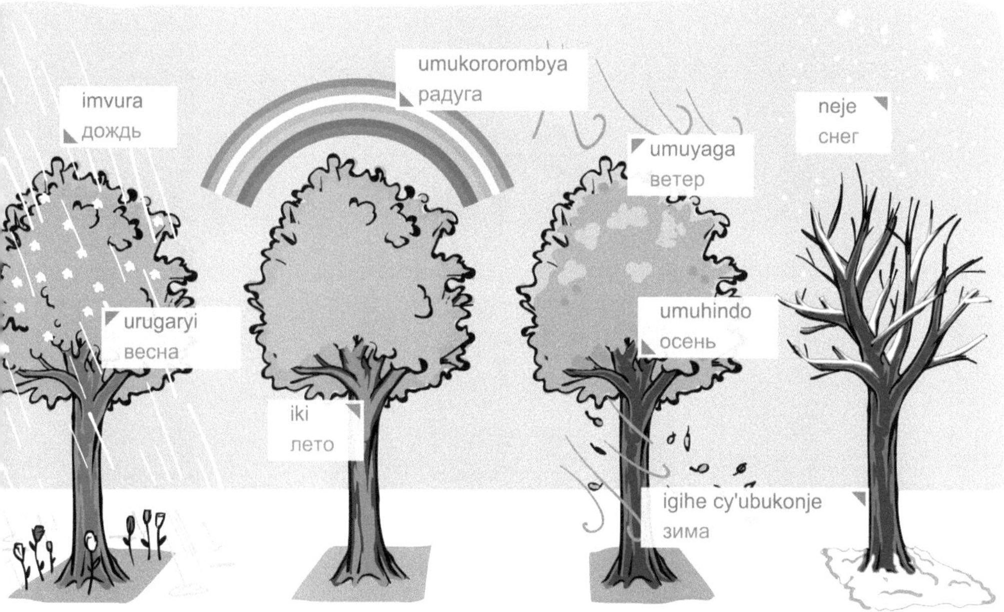

iteganyagihe

прогноз погоды

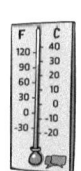

igipimo cy'ubushyuhe

термометр

izuba rirashe

солнечный свет

ibicu

туча

ibihu

туман

ububobere

влажность воздуха

umurabyo

молния

inkuba

гром

umuhengeri

буря

urubura

град

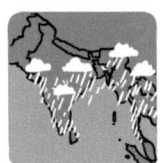

imiyaga ihuha iturutse mu nyanja

муссон

umwuzure

наводнение

barafu

лёд

Mutarama

январь

Gshyantare

февраль

Werurwe

март

Mata

апрель

Gicurasi

май

Kamena

июнь

Nyakanga

июль

Kanama

август

Nzeri

сентябрь

Ukwakira

октябрь

Ugushyingo

ноябрь

Ukuboza

декабрь

uruziga

круг

mpandenye

квадрат

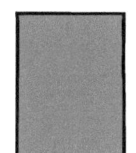

urukiramende

прямоугольник

mpandeshatu

треугольник

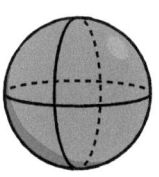

umubumbe

шар

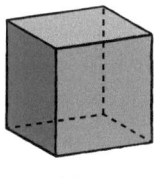

kibe

куб

umweru
белый

umuhondo
желтый

oranje
оранжевый

iroza
розовый

umutuku
красный

isine
лиловый

ubururu
синий

icyatsi kibisi
зелёный

igihogo
коричневый

ikigina
серый

umukara
черный

byinshi / bike

много / мало

urakaye / utuje

яростный / мирный

mwiza / mubi

красивый / уродливый

intangiriro / impera

начало / конец

kinini / gito

большой / маленький

gikeye / kijimye

светлый / темный

musaza / mushiki

брат / сестра

gisukuye / cyanduye

чистый / грязный

kirangiye / kitarangiye

полный / неполный

umunsi / ijoro

день / ночь

wapfuye / muzima

мёртвый / живой

hagari / hafunganye

широкий / узкий

kiribwa / kitaribwa

съедобный / несъедобный

umugome / ugwa neza

злой / дружелюбный

ushishikaye / warambiwe

взволнованный /
скучающий

ubyibushye / unanutse

толстый / худой

mbere / nyuma

сначала / в конце

inshuti / umwanzi

друг / враг

cyuzuye / kirimo ubusa

полный / пустой

gikomeye / cyoroshye

твёрдый / мягкий

kiremeye / kitaremereye

тяжёлый / легкий

inzara / inyota

голод / жажда

urwaye / ufite amagara
meza

больной / здоровый

kemewe n'amategeko /
kibujijwe n'amategeko

незаконный / законный

umunyabwenge / igicucu

умный / глупый

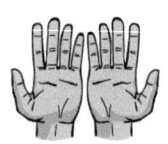

iburyo / ibumoso

слева / справа

hafi / kure

близко / далеко

gishya / cyakoze

новый / подержанный

nta kintu gihari / hari ikintu gihari

ничто / нечто

ushaje / muto

старый / молодой

atsa / zimya

включено / выключено

gifunguye / gifunze

открыто / закрыто

ucecetse / usakuza

тихо / громко

ukize / ukennye

богатый / бедный

ni byo / si byo

правильный / неправильный

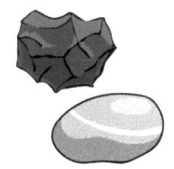

hahanda / hahehereye

шероховатый / гладкий

urakaye / wishimye

печальный / счастливый

mugufi / muremure

короткий / длинный

urandaga / wihuta

медленный / быстрый

utose / wumye

мокрый / сухой

ashyushye / ahoze

тёплый / прохладный

intambara / amahoro

война / мир

0

zeru

ноль

1

rimwe

один

2

kabiri

два

3

gatatu

три

4

kane

четыре

5

gatanu

пять

6

gatandatu

шесть

7

karindwi

семь

8

umunani

восемь

9

icyenda

девять

10

icumi

десять

11

cumi na rimwe

одиннадцать

12

cumi na kabiri

двенадцать

13

cumi na gatatu

тринадцать

14

cumi na kane

четырнадцать

15

cumi na gatanu

пятнадцать

16

cumi na gatandatu

шестнадцать

17

cumi na karindwi

семнадцать

18

cumi n'umunani

восемнадцать

19

cumi n'icyenda

девятнадцать

20

makumyabiri

двадцать

100

ijana

сто

1.000

igihumbi

тысяча

1.000.000

miliyoni

миллион

Icyongereza

английский

Icyongereza
cy'Abanyamerika

американский английский

Igishinwa k'ikimandarini

мандаринский китайский

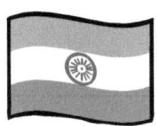

Igihindi

хинди

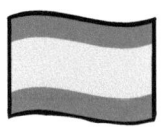

Ikesipanyoro

испанский

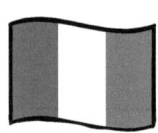

Igifaransa

французский

Icyarabu

арабский

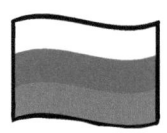

Ikirusiya

русский

Igiporutigari

португальский

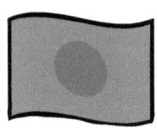

Ikibengari

бенгальский

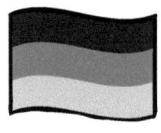

Ikidage

немецкий

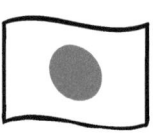

Ikiyapani

японский

ge

я

wowe

ты

we / we / we

он / она / оно

twe

мы

mwe

вы

bo

они

nde?

кто?

iki?

что?

gute?

как?

hehe?

где?

ryari?

когда?

izina

имя

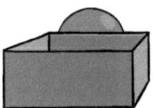

inyuma

за

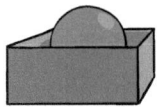

mo imbere

в

imbere ya

перед

hejuru ya

над

kuri

на

munsi ya

под

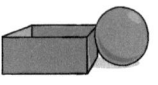

iruhande

рядом

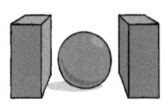

hagati

между

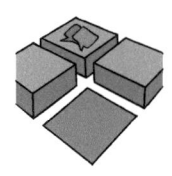

ahantu

место